Адриано Шлессер

Красота и межличностная привлекательность: репрезентации и социальные практики

Адриано Шлессер

Красота и межличностная привлекательность: репрезентации и социальные практики

Репрезентации и социальные практики

ScienciaScripts

This book is a translation from the original published under ISBN 978-613-9-63879-6.

Publisher:
Sciencia Scripts
is a trademark of
Dodo Books Indian Ocean Ltd. and OmniScriptum S.R.L publishing group

120 High Road, East Finchley, London, N2 9ED, United Kingdom
Str. Armeneasca 28/1, office 1, Chisinau MD-2012, Republic of Moldova, Europe
Printed at: see last page
ISBN: 978-620-7-38382-5

РЕЗЮМЕ

"Любовь - это все, без любви мы ничто". "Красота - в глазах смотрящего". Эти и другие фразы, представленные в социальном дискурсе, несут в себе целую систему знаний и представлений об этих явлениях, которые так часто встречаются в повседневной жизни. Ценности, концепции и представления как об идеальном теле и его эстетических стандартах, так и об идеальных любовных отношениях и дружбе существовали на протяжении веков во всех обществах, а их проявления передавались через различные виды искусства, такие как живопись, скульптура, поэзия и другие литературные произведения. Сегодня эти эстетические и реляционные образцы формируются и распространяются через средства массовой информации.

Межличностное влечение как явление, присутствующее в истории человечества, изучалось с древности, а такие темы, как дружба и любовь, обсуждались философами и мыслителями уже в античную эпоху. По Аристотелю (384-322 гг. до н. э.), дружба подразделяется на три формы: *приятную* (поддерживаемую радостными моментами), *утилитарную (*основанную на обмене) и *истинную* (в которой забота вращается вокруг блага друга, не из-за того, чем он обладает, а в основном из-за того, кто он есть). Сократ (469-399 гг. до н. э.), рассуждая о любви и любовных отношениях, утверждал, что любить - значит желать того, что нас дополняет, стремясь таким образом к совершенству и избавляя от мук одиночества.

Пронизывая все это, красота всегда была темой, присутствующей в построении человеческой мысли, предлагая теории, интерпретации и отступления вокруг красоты. Для Сократа конкретная красота тела - это лишь модель красоты тел вообще, и когда мы осознаем это, фиксация на конкретном теле сводится к минимуму, и мы начинаем ценить красоту везде, где бы она ни находилась, - от философии до сущности красоты в телесности форм.

Происходит стандартизация красоты, устанавливающая границы того, что является нормальным, приемлемым и эстетичным (Wolf, 1992). Средства массовой информации с их программами, скрыто распространяющими среди населения модели поведения, представления и установки, передают социально принятые стандарты красоты, которые стимулируются таким образом, чтобы люди верили, что у них будет больший репертуар аффективных партнеров и, как следствие, возможные успешные отношения - как любовные, так и дружеские - опосредованные красотой.

Реклама, передачи о жизни знаменитых людей, журналы и другие средства массовой информации косвенно показывают, что внешность отвечает за успех и счастье в межличностных отношениях. Это приводит к искаженному восприятию того, что для достижения этих успехов необходимо обладать определенными эстетическими стандартами, рассчитывая тем самым на помощь индустрии красоты, которая пропагандирует быстрые решения для достижения идеального эстетического стандарта (Goetz, 2009).

В обществе считается, что красивые люди: более популярны, умны, уверены в себе, сексуально возбудимы, опытны, чаще флиртуют и имеют друзей, а также обладают другими преимуществами (Etcoff, 1999). Эту ситуацию можно объяснить с помощью *теории эффекта ореола,* которая считает, что оценка одной характеристики вмешивается в оценку других, загрязняя общий результат (Rosenzweig, 2007).

Исходя из сегодняшних представлений о красоте, необходимо определить, что представляют собой эти стандарты привлекательности, с помощью новых теоретических разработок. С этой целью концепция физической красоты, принятая в данной работе, основана на том, что этот атрибут присущ телу (Ferreira, 2004). К этой концепции добавляется определение красоты, данное Андрие (2006), как качества, приписываемого телу индивидом или обществом, учитывая, что образ, который нравится группе, становится образцом и впоследствии воспроизводится другими.

Чтобы поддержать эти взгляды, реклама и косметическая индустрия представляют стандарты красоты, которым нужно следовать: образ моделей. Эти люди представляются как эстетические иконы, а также как самый верный путь к достижению успеха и счастья, через образ физического совершенства, ассоциирующегося с молодостью и здоровьем. В результате люди начинают относиться к моделям как к представителям "эстетики совершенства" (Vilhena, Medeiros, & Novaes, 2005).

Для достижения этой цели одной из современных стратегий является проведение хирургических операций в эстетических целях, что позволяет добиться признания и власти за счет красоты знаменитостей. В 2013 году Бразилия возглавила мировой *рейтинг* пластической хирургии, обогнав Соединенные Штаты, согласно отчету Международного общества эстетической пластической хирургии. По словам Стивена С. Парка, президента Американской академии пластической хирургии, в 2015 г:

некоторых людей привлекает власть, слава и гламур, *которые подразумевает статус знаменитости (...). Важно помнить, что простое изменение внешности не даст вам такого же уровня признания. Часто фотографии знаменитостей настолько отретушированы, что их образы искажаются; это, в свою очередь, может привести к нереалистичным ожиданиям, которые побуждают потребителей обращаться к чрезмерным или радикальным операциям* (2015, apud Gracindo, 2015, p. 526).

Неинвазивные процедуры, связанные с физической красотой, также присутствуют в повседневной жизни бразильских городов, например, салоны красоты. Исследование, проведенное Бразильской службой поддержки микро- и малого бизнеса (Sebrae), показало, что в период с 2010 по 2015 год количество регистраций в этом секторе выросло в стране на 567 %.

Однако красота не всегда приносит пользу. Хотя красивые люди более популярны как потенциальные романтические партнеры, в дружбе ситуация обратная (Krebs & Adinolfi, 1975). По мнению Эткоффа (1999), красивые женщины испытывают проблемы с завязыванием дружбы с другими женщинами и меньше нравятся окружающим. Это связано с тем, что, общаясь с кем-то гораздо более красивым, некоторые люди могут чувствовать себя неловко и испытывать угрозу.

Это называется "эффектом контраста" (Kenrick & Gutierres, 1980), означающим, что люди чувствуют себя более красивыми в окружении менее красивых или находящихся на том же уровне, и некрасивыми при общении с теми, кто признан более красивым. Такие социальные сравнения происходят не только тогда, когда мы сознательно одобряем или не одобряем проходящих мимо нас людей, но и автоматически.

Исходя из этих предпосылок, мы вступаем в область межличностной аттракции, понимаемой здесь как форма социального влияния и взаимозависимости, проходящая через межличностные отношения, соответствующая аффективным компонентам социальных отношений, сфокусированная на положительных эмоциях, чувствах и установках по отношению к другому человеку, проявляющихся в желании сблизиться с этими людьми (Fisher, 2002; Leyens & Yzerbyt, 1997; Alferes, 2004).

Как объект научного исследования, изучение отношений, межличностной привлекательности и красоты состоит из различных областей знаний, таких как антропология, этология, социология и коммуникация. В области психологической науки эти явления наиболее активно исследуются в сферах социальной психологии, психологии развития, психологии личности и клинической психологии (Duck & Perlman, 1985).

Любовные отношения могут быть концептуализированы как формы межличностных отношений, наделенные особой значимостью и объединенные способностью различать, позитивно или негативно, ситуации взаимодействия (Alferes, 2004). Более конкретно, любовные отношения включают в себя чувства, считающиеся важными в аффективных отношениях, такие как любовь, дружеское общение, равенство, секс и деторождение (Matos, Feres-Carneiro, & Jablonski, 2005).

Поскольку любая форма межличностного взаимодействия включает в себя разных людей и может представлять собой доступ к важным ресурсам для достижения успеха, будь то профессиональные, аффективные или иные, поиск партнерских отношений в различных формах становится основополагающим для социального взаимодействия (Castro, 2009). В настоящее время социальная реальность указывает на новые парадигмы межличностного притяжения, которые возникают не только в отношениях с физическим присутствием, но и в *Интернете,* что является новой формой межличностного контакта, в которой индивиды строят свои дружеские и любовные отношения через *чаты и* сайты *знакомств* (Coleta, Coleta, & Guimaraes, 2008).

Важным аспектом выбора феномена межличностной привлекательности в качестве основной темы данной книги является его неразрывная связь с субъективным благополучием, поскольку межличностные отношения являются одной из основных причин счастья, наряду с работой и досугом (Argyle, 2001; Souza, 2006). Учитывая, что внешность - это наиболее публичная часть человека, в игру вступают стандарты красоты как пропорции и физические аспекты, которые считаются сексуально привлекательными, оказывая непосредственное влияние на социальные представления о красоте, поскольку модели поведения и мышления распространяются в связи со стандартами тела (Camargo, Goetz, Bousfield, & Justo, 2011), влияя как на отношение к красоте, так и на то, как люди соотносятся в своих социальных взаимодействиях.

Предыдущие исследования показали, что красивые люди чаще находят романтических партнеров (Krebs & Adinolfi, 1975) и предпочитают похожих людей для романтических отношений, причем красота является одним из основных ценимых атрибутов (Buss, 1994). Однако у них могут возникнуть проблемы с установлением дружеских отношений с людьми одного пола (Ornelas, 2010; Etcoff, 1999; Kenrich & Gutierrez, 1980).

Учитывая, что красота - это феномен, наделенный смыслами, впечатлениями и ценностями, которые проникают от индивидуального до социального уровня, цель этой книги - познакомить читателя с этими темами, которые являются частью теоретической базы одной из основных областей психологии - социальной психологии. На протяжении всех глав будут представлены общие сведения об этих явлениях, отвечающие на вопросы, которые мы ежедневно задаем себе о важности красоты в наших социальных отношениях, а также порождающие новые вопросы, полезные для развития новых исследований. В книге также представлены некоторые исследования, которые уже были проведены, что позволяет понять, что, несмотря на социальную актуальность темы, научный интерес к ней растет.

На протяжении многих веков, начиная с философии, искусства и заканчивая наукой, о красоте размышляли, ею восхищались и изучали, и даже считали, что она состоит из равных частей плоти и воображения (Etcoff, 1999). В рамках этой тематики существуют различные работы и размышления о красоте, которая понимается по-разному: красота как денежная система для узаконивания мужского господства, не допускающая женщин в сферу власти (Wolf, 1992); красота как проявление сакрального и профанного (Bynum, 1989); красота как стратегия биологической адаптации, при которой красивые люди имеют хорошие гены и больше шансов на воспроизводство (Batten, 1995), словом, ни одно определение не может полностью передать ее смысл.

Если рассматривать красоту с точки зрения эмпирической рациональности, то ее определение также является сложным, поскольку оно варьируется в зависимости от социальных и ситуационных факторов. Согласно словарю Larousse, красота определяется как *"качество того, что красиво, в соответствии с эстетическим идеалом. Гармония, совершенство форм"*, а словарь Aurelio определяет ее как *"нечто красивое, очень приятное или очень вкусное"*. Оба определения обобщают и субъективизируют красоту.

В научной сфере точки зрения иногда дополняют друг друга, а иногда расходятся, что обусловлено субъективным опытом, который переплетается с внешними и внутренними факторами, влияющими на восприятие красоты. В то время как Феррейра (2004) определяет ее как атрибут, присущий телу, а Андрие (2006) - как качество, которое индивид или общество наделяет телом, радующим группу, которая затем воспроизводит его, эволюционистская точка зрения понимает красоту как репродуктивную цель: красота как ресурс для привлечения партнеров для копуляции и воспроизводства (Batten, 1995).

По мнению Соунса (2004), понятие красоты связано с тем, как влечение между людьми влияет на то, как люди воспринимают и думают друг о друге. По мнению этого автора, красота заставляет людей чувствовать интерес друг к другу, что приводит к тому, что их считают более общительными и умными, ассоциируют с морально хорошими людьми (Dion, Bersheid, & Walster, 1972), большим социальным влиянием (Hamermesh & Briddle, 1994) и большим успехом в любовных отношениях (Murstein, 1972; Etcoff, 1999).

В социальной психологии физическая красота понимается как один из личностных атрибутов, влияющих на возникновение межличностных отношений, в частности межличностной привлекательности (Rodrigues, Assmar, & Jablonski, 2002), учитывая, что тело - это объект, содержащий красоту, требующий, во многих случаях, косметических приемов для ее усиления (Alferes, 2004). Дополняя эту точку зрения, Вала и Монтейро (Vala and Monteiro, 2006) отмечают, что осознание собственной физической красоты и красоты других людей напрямую влияет на социальные взаимодействия, воздействуя на то, как человек относится к своему телу как к индивидуальному (физическому и психологическому) и как к социальному (последнее и есть суть образа тела, диктуемого обществом).

По мнению Жоделе, Оханы, Бессис-Монино и Данненмюллера (1982), внешний образ тела выступает в качестве посредника социального пространства, в которое включен индивид. Он также выступает в качестве посредника знаний о другом и о себе, которые устанавливаются через социальные отношения (Jodelet, 1994).

Исследования красоты и привлекательности, проведенные Лангмайером и Шэнком (1994; 1995), показывают, что привлекательность в большей степени связана с физической привлекательностью, в то время как красота ассоциируется с привлекательностью в целом, а не только с физическим аспектом. В этих исследованиях красота первоначально основывается на физической привлекательности, а затем на интеллекте, поведении, личности, здоровье, привычках и общении.

Стандарт - или идеал - красоты определяется как конкретная модель внешности, которая воспроизводится культурно и формируется под влиянием социальных отношений, культуры, политики и экономики. Здесь следует подчеркнуть, что, несмотря на существование конкретных стандартов, их восприятие носит частный характер и варьируется от человека к человеку. Учитывая, что внешность - это наиболее публичная часть человека, и что каждый исторический период представлял определенные каноны красоты, стандарты красоты входят в тему как пропорции и физические аспекты, считающиеся сексуально привлекательными.

Рассуждения об эстетических стандартах не новы. Если в Месопотамии красотой мало интересовались, то в Древнем Египте египтяне уже разработали целый арсенал средств по уходу за кожей - например, глину и пемзу для отшелушивания, духи, ежедневные ванны с водой и карбонатом кальция, кремы на основе охры, чтобы кожа сияла на солнце, тени и *кайал* для подведения глаз, а также кремы для рук, ногтей и волос (Faux, 2000).

В Древней Греции эстетика основывалась на четырех элементах: ясности, симметрии, гармонии и интенсивном цвете, моделями для которых служили математические представления о единстве, порядке и пространственной организации, согласно пифагорейскому определению (V и IV вв. до н. э.) красоты, в котором она основывалась на "балансе между двумя противоположными сущностями, нейтрализующими друг друга, полярности между двумя аспектами,

11

которые противоречили бы друг другу и которые становятся гармоничными [...]" (Eco, 2004, p. 72). Греческое представление о красоте включало и внутренние качества, связанные с характером человека, - например, справедливость, меру, удобство.

В свою очередь, Риму было свойственно ценить худобу в ущерб тучным людям, и после роскошных римских банкетов люди прибегали к булимической практике вызывания рвоты, и это явление было социально приемлемым и поощрялось, чтобы не набирать вес.С приходом христианства Средние века начали оказывать важное влияние на стандарты красоты, подчеркивая естественную и девственную красоту - осуждая использование косметики и других инструментов красоты.

Ценились такие физические аспекты, как симметричное лицо, светлая кожа, круглая грудь, тонкая талия, округлый живот и стройное, изящное тело, поэтому ценилась внешность более пухлой и корпулентной женщины, поскольку жир считался соблазнительным и эротичным (Vigarello, 2006). Что касается поведенческих стандартов, связанных с красотой, то скромность, умеренность и целомудрие считались основополагающими для скромной женщины.

В этот период, в связи с гегемонией христианства над социальными практиками, философы и теологи описывали свои взгляды на различные темы, в том числе и на красоту. Среди этих мыслителей особое место занимал Фома Аквинский в своих представлениях о природе красоты. Для этого мыслителя, повлиявшего на средневековый способ концептуализации красоты, она должна состоять из трех фундаментальных аспектов: пропорции (или гармонии), целостности (или совершенства) и ясности (или великолепия) (Teixeira, 2012), поскольку красота должна иметь связь с сакральным и, следовательно, быть божественным даром (Eco, 2004).

Начиная с эпохи Возрождения красота вернулась к греческим представлениям о пропорциях и мере, и художники постоянно искали идеальную меру красоты. Макияж и использование косметики оставили позади свой злобный характер и приобрели очертания завоевания, распространившись через трактаты о красоте, хотя до сих пор ведутся споры о том, не создает ли использование этих эстетических инструментов нечестную красоту (Faux, 2000).

Для придания белизны коже использовали рисовую пудру, а также свинец, мышьяк и селитру, а также особо тщательно следили за волосами, которые красили в светлый цвет, близкий к красному (Eco, 2004). Что касается одежды, то использование корсетов придавало женским формам больше изящества, как и предметы украшения, которые украшали женщин.

В XVI и XVII веках женский образ, который всегда представлялся как синоним красоты, приобрел более скромные формы в художественных произведениях и был показан в роли воспитательницы, жены и домохозяйки. С другой стороны, в XVIII веке женская фигура предстала в более раскованном виде, без корсетов и с распущенными волосами, в собраниях с другими женщинами. В этот период понятие красоты ассоциировалось со способностью человека создавать или оценивать что-то как красивое, а красоту можно было определить как нечто пропорциональное и гармоничное, а также в ее разнообразии (Eco, 2004).

В XIX веке красота воспринималась как нечто неопределенное и неестественное. По мнению Ивановича, Алвеса, Кофеса, Лопеса и Кастеллани Фильо (1994), женщины этого периода стали носить тугие корсеты, что привело к физическим изменениям тела с целью развития тонкой талии и широких бедер - образа тела, ассоциирующегося с идеальным стандартом красоты того времени. Кроме того, женская фигура характеризовалась двумя физическими типами: в то время как первый из них отражал ее нежный и хрупкий характер, второй фокусировался на чувственности, с полной грудью, толстыми ногами и широкими бедрами.

Разрушая парадигмы, XX век ознаменовался открытием женского тела. Культ души уступил место культу тела, и красота стала приоритетом в ущерб спасению души. Средства массовой информации начали распространять эстетические стандарты тела, красоты и моды, которые обобщались и воспроизводились по всему миру, укрепляя идеалы красоты, которым нужно было следовать (Araujo & Kuhn Junior, 2012), и эти модели быстро менялись, все больше разрушая эти эстетические ценности за более короткий промежуток времени. Если в 1950-х годах идеалом женской красоты было стройное, сладострастное тело, что можно было наблюдать на конкурсах красоты, таких как "Мисс Вселенная" и "Мисс Америка", то с 1969 года эти параметры изменились, что привело к уменьшению веса и увеличению роста, при этом неизменными остались только размеры бедер и бюста.

С конца 1980-х годов поиск идеального тела, с точки зрения соответствия стандартам красоты, стал ассоциироваться с благополучием, качеством жизни и здоровьем, что даже привело к неправильному толкованию здоровья и благополучия, а все 1990-е годы характеризовались одержимостью идеальным - и стройным - телом. Благодаря влиянию рекламы на повседневную жизнь людей, эстетические стандарты известных людей - будь то супермодели и/или знаменитости - диктуют стандарты тела, одежды, аксессуаров и причесок, которые массово воспроизводятся (Goldenberg, 2002), так что за короткий промежуток времени они уступают место новым моделям, которые также будут воспроизведены.

В связи с этими "колеблющимися стандартами красоты" (Araujo

& Kuhn Jr, 2012; Alma & Costa, 2011; Batista, 2008). обсуждается вопрос о том, в какой степени рекламный дискурс о красоте укрепляет конкретные модели. Будь то акцент на вечной молодости и навязывании идеальных и порой неосязаемых форм или на разнообразии красоты, эти стандарты в конечном итоге заставляют - в завуалированной форме - население придерживаться этих форм, что приводит ко многим несчастьям и другим патологическим проблемам, таким как "болезнь красоты", например, булимия и анорексия.

Сегодня красота может ассоциироваться с триадой, состоящей из здоровья, молодости и стройного тела, причем эти явления взаимно связаны. Эстетические правила диктуются уже не религиозными догмами, а индустрией эстетики и моды, рекламой, и, не будучи менее угнетающими, они могут привести человека к социальной изоляции. Сегодня средства массовой информации утверждают, что красота доступна каждому, кто ее хочет, что ее можно купить и изобрести, и что она больше не является божественным даром, приписываемым немногим людям, как считалось до 1940-х годов (Souza, 2011; Lipovetsky, 2000).

С этой целью появились косметические и неэстетические операции, косметические средства и тренажерные залы как способы саморегуляции красоты, обеспечивающие социальное возвышение, *статус* и молодость, поскольку делают тело человека более привлекательным (Helman, 2003). Красота ассоциируется с соблазнительностью, социальным признанием, благополучием и здоровьем. Эта связь между благополучием и здоровьем, которая не всегда последовательна, может быть связана в социальном воображении с перспективой того, что благополучие связано с самовосприятием, с внутриличностным благополучием.

Однако, выступая против прерогатив единого стандарта красоты, индустрия красоты разработала новую парадигму: диверсифицированная красота, красота "реальной жизни". Красота в XXI веке поливалентна, или то, что Эко (2004) называет "политеизмом красоты" (с.428), поскольку она варьируется в зависимости от вкуса каждого человека, а также его возраста, иными словами, для достижения красоты необходимы гармоничные отношения со временем и различными этапами жизненного цикла. Особое внимание уделяется разнообразию эстетических стандартов, а не единой модели.

С этой точки зрения красота - это то, чего можно достичь в любом возрасте, без исключительного идеала красоты, а скорее индивидуальная красота каждого человека, которая меняется в зависимости от возраста. По данным Бразильской ассоциации личной гигиены, парфюмерии и косметики (Abihpec), за последние 14 лет индустрия красоты выросла на 10,5 %, основными факторами чего являются участие женщин на рынке труда и постоянный выпуск новых продуктов, отвечающих различным запросам потребителей, но преследующих одну и ту же цель: сохранить молодость с возрастом, учитывая, что забота о красоте заставляет население потреблять такие продукты (Alma & Costa, 2011).

Средства массовой информации укрепляют представление о том, что эстетические средства могут изменить любую нежелательную часть тела, если только человек этого захочет. Такая точка зрения, однако, обвиняет человека в его состоянии, и красота становится "моральным долгом" (Novaes & Vilhena, 2003).

Согласно Андраде (2003), репрезентации тела претерпевают как трансформации в связи с эстетическими стандартами определенных исторических периодов, так и остаются стабильными в течение определенных периодов. В исследовании, проведенном Новаесом (2001), репрезентация идеального современного тела - это атлетическая модель, подтянутая и подтянутая, ассоциирующая физическую красоту с молодостью, и, соответственно, молодость со здоровьем.

В свою очередь, стандарты красоты, распространяемые и почитаемые средствами массовой информации, напрямую влияют на социальные представления о теле. Способы поведения и мышления, связанные со стандартами тела, распространяются в обществе (Camargo, Goetz, Bousfield, & Justo, 2011), тем самым влияя на отношение к красоте, от эстетического до связанного со здоровьем, порождая неудовлетворенность и возможные соматические и психические проблемы.

Межличностное притяжение и отталкивание обсуждались на протяжении веков, подчеркивая их социально обусловленную природу (Jesus, 2011). Термин "притяжение" также используется в разговорной речи, как некое материалистическое представление о психологическом феномене, поскольку обозначает некую силу, которая толкает одно тело к другому. За столетия до появления науки, литературы и философии можно найти примеры того, как этот феномен понимался населением этих эпох.

Например, месопотамское произведение под названием "Эпос о Гильгамеше", написанное за 2000 лет до н. э., или работа "Банкет" философа Платона (348/347 гг. до н. э.), считающегося одним из первых исследователей привязанности, в которой он теоретизирует о типе любви, позже названном "платоновским", а также указывает на размышления о функции привязанности в человеческом сознании (Florido, 2000), привносят содержание, которое когда-то обсуждалось на эту тему. С приходом христианства целый ряд литературных и философских произведений прямо или косвенно посвящен теме межличностного влечения и его последствий, включая такие литературные произведения, как "Ромео и Джульетта" и "Дон Кихот", а также таких философов, как Ницше, Шопенгауэр, святой Фома Аквинский и Августин Гиппонский.

Социальная психология, опирающаяся на научную мысль и методологию, рассматривает феномен межличностного влечения как одну из своих классических областей. В связи с необходимостью сформулировать психологическую науку, которая "(...) была бы менее неопределенной в плане эмпирических ссылок для своих теорий о привязанностях, эмоциях, чувствах, короче говоря, об аффективном измерении, которое делает возможным конституирование человеческих отношений (...)" (Jesus, 2011, p. 239), она представляет свою концептуальную специфику.

Межличностная аттракция рассматривается как форма социального влияния, пронизывающая межличностные отношения, соответствующая аффективным компонентам социальных отношений, иными словами, положительным эмоциям, чувствам и установкам по отношению к другому человеку, проявляющимся в стремлении сблизиться с этими людьми (Fisher, 2002; Leyens & Yzerbyt, 1997; Alferes, 2004). Его изучение направлено на понимание генезиса, поддержания и разрушения конкретных социальных отношений, в частности дружбы и любви.

Кроме того, в их основе лежит готовность оценивать ситуации взаимодействия с людьми положительно или отрицательно, выбирая таким образом наиболее подходящие для формирования связей социальные модели поведения, а также тех людей, которые, по нашему мнению, могут доставить нам удовольствие (Leyens & Yzerbyt, 1997). Хотя существуют некоторые исследования межличностной привлекательности на групповом уровне, большинство исследований посвящено дуальным отношениям с целью выявления их возникновения, развития и прекращения (Berscheid, 1986; Huston, 1974).

Первые исследования межличностной аттракции начались в конце 1950-х годов и изменились в 1970-е годы следующим образом: а) больший акцент на изучении взаимодействия в текущих отношениях; б) более четкое разграничение форм аттракции, объяснение соответствующих предшествующих условий и подчеркивание разнообразия психологических процессов, из которых она состоит; в) изменение фокуса исследования с факторов аттракции, понимаемых изолированно, на *стратегии самосохранения* (акцент на роли индивида как социального актора) и *характер ситуаций, порождающих аттракцию* (оценка роли межличностных контекстов и социальных норм, структурирующих человеческое взаимодействие) (Alferes, 2004). Однако исследования, проведенные до 1950-х годов, обеспечили поддержку этой области исследований, например социометрическая теория Морено (1934), которая ознаменовала собой генезис систематических исследований межличностного влечения, поскольку была направлена на реконструкцию структурных и динамических аспектов аффективных реакций в группах.

Позднее, *начиная с* 1950-х годов, к использованию социометрии в исследованиях межличностной привлекательности присоединились теории *когнитивной согласованности* (или теории баланса). Согласно теории когнитивной согласованности, установки формулируются в соответствии с принципом гармонии и конгруэнтности, при котором установки организованы как единое и внутренне согласованное целое, что создает баланс в стабильных отношениях. В 1961 году Ньюкомб начал исследование влияния сходных установок на развитие дружеских отношений в группах студентов университета, которые жили вместе в течение двух лет.

В этой области исследований выделяются несколько теорий межличностной привлекательности: *Теория баланса* Хайдера (1958), *теория баланса* Ньюкомба (Fehr, 1996), а также *теории подкрепления и социального обмена* (Homans, 1961). Согласно Хайдеру (Heider, 1958), динамика межличностного влечения обусловлена потребностями когнитивной организации. Система когниций формируется через триадические отношения, состоящие из следующих элементов: когниций, относящихся к субъекту (P), другому субъекту

(О) и внешнему объекту, событию или индивиду (Х) (Heider, 1958). Таким образом, отношения считаются сбалансированными, если все возможные отношения между Р, О и Х положительны, или если два из них отрицательны, а одно положительно, в противном случае они разбалансированы, что вызывает психологически неприятное состояние в отношениях, порождая разрыв.

Однако в модели Ньюкомба отношение к людям имеет иное значение, чем отношение к объектам, и состояние равновесия достигается, когда два человека испытывают взаимное влечение и имеют сходные установки по отношению к данному объекту, поскольку фактор сходства является основополагающим для возникновения влечения (Newcomb, 1961). Это утверждение основано на исследовании, проведенном Ньюкомбом со студентами университета, в котором он заметил, что студентов больше привлекали товарищи с похожими установками и которым нравились те же люди, что и ему, что указывает на взаимосвязь между межличностной привлекательностью и похожими установками. Кроме того, Ньюкомб (1960) различает разновидности межличностной аттракции, представляя их как принятие, восхищение, признательность и другие, а также "общую аттракцию", которая представляет собой совокупность всех описанных форм.

Теории подкрепления и социального обмена придерживаются бихевиористской точки зрения, в которой влечение понимается как предвосхищающая реакция на определенную задачу или цель, приобретаемая через механизм вторичного подкрепления, поскольку, ассоциируя определенного человека с подкрепляющим стимулом, он становится объектом влечения, независимо от того, способствовал ли этот человек тому, чтобы стать объектом влечения, или нет (Lott & Lott, 1968). Аналогичным образом Бирн (Byrne, 1971; 1992) предлагает модель, в которой аттракция определяется как аффективная реакция, которая неявно присутствует на изначально нейтральный стимул, но постепенно ассоциируется с безусловным положительным стимулом, и эта аффективная реакция ассоциируется с положительной оценкой, тем самым порождая аттракцию.

Но почему люди ассоциируют себя друг с другом? По мнению Шахта (Schachte, 1959), люди нуждаются в ассоциации друг с другом и испытывают дискомфорт, когда лишены этого контакта. С учетом этих теоретических предпосылок аттракция включает в себя некоторые факторы, которые составляют динамику этого явления, выступая в качестве детерминант межличностной аттракции и генезиса межличностных отношений: физическая близость, идентичность ценностей и установок, физическая красота, самооценка и стратегии соблазнения.

Согласно перспективе *физической близости,* поддерживаемой некоторыми исследованиями (Festinger, Schachter & Back, 1950; Whyte, 1956; Byrne & Buhler, 1964), ситуация постоянного физического контакта между сверстниками положительно коррелирует с формированием межличностных отношений притяжения между ними. Она может даже уменьшить предрассудки (Kephart, 1967) и, таким образом, играет важную роль в любовных и дружеских отношениях.

Факторами, обусловливающими такую корреляцию, могут быть: а) *удобство* (близость делает отношения более комфортными, снижая издержки физического расстояния); *знакомство* (частые контакты ведут к более дружеским отношениям); *возможность большего взаимного познания (поскольку* физическая близость позволяет лучше предсказывать поведение людей, находящихся в непосредственной близости); и *простое знакомство, возникающее из-за частоты встреч* (поскольку частые контакты позволяют развивать более позитивные чувства к людям и/или объектам). Стоит отметить, что физическая близость не всегда приводит к большей межличностной привлекательности, поскольку физическая близость при враждебности имеет тенденцию усугублять уже существующие проблемы (Rodrigues et al., 2002).

Что касается *идентичности ценностей, установок и других характеристик*, то восприятие сходства в отношении ценностей, установок, чувств, поведения и других личностных характеристик, подверженных оценке, как правило, оказывает положительное влияние на формирование позитивных чувств между сверстниками (Ventorini & Garcia, 2004). Существование межличностной привлекательности также может привести к искажениям восприятия, когда мы "видим" оценочное и мировоззренческое сходство с людьми, которые нас привлекают, - это называется *ассимиляцией* (Hovland, Janis, & Kelley, 1953).

В доказательство этого некоторые эксперименты уже продемонстрировали возникновение подобных явлений (Hovland, Harvey & Sherif, 1957; Kelman, 1965). Они отмечают, что существование положительных и отрицательных чувств между людьми в конечном итоге вызывает перцептивные искажения в поведении другого человека, в смысле наблюдения за ним в положительном или отрицательном ключе.

Возможные объяснения этого фактора следующие: а) *снижение издержек в процессе социального взаимодействия* (чем больше сходство между сверстниками, тем меньше конфликтов и больше консенсуса мнений); б) *установление социальной реальности* (мы стремимся к большему контакту с людьми, которые легитимизируют наши идеи, а также к установлению общей точки зрения, тем самым создавая социальную реальность, в которую встраивается индивид); в) *удовлетворение потребности в социальном сравнении* (когда мы ассоциируемся с другим человеком, его способности и мнения автоматически сравниваются с нашими собственными); и г) *подкрепляющая роль согласия,* в которой Салливан (1947) утверждает, что люди подтверждают свои установки, соглашаясь с другими. Зимбардо (1960) эмпирически подтверждает этот вывод, указывая на то, что друзья в разногласиях склонны менять свои мнения, чтобы сделать их более схожими, а Райнио (1961) - на то, что согласие мнений в социальном взаимодействии рассматривается как компенсаторное, а несогласие - как карательное.

Что касается категории *физической красоты, то* она является одним из основных факторов привлекательности в генезисе межличностных отношений и широко изучается в течение последних двух десятилетий. По мнению Бершайда (1986) и Бершайда и Рейса (1998), положительное влияние физической красоты на привлекательность демонстрирует значительную согласованность через переменные возраста, пола и социально-экономического положения, не обращая внимания на историческую и культурную изменчивость, присутствующую в красоте и ее стандартах (Silverstein, Perdue, Peterson & Kelley, 1986). Однако стоит отметить, что оценка физической красоты не сосредоточена исключительно на объективных атрибутах, а также на ситуативных факторах - например, при сравнении с другими людьми, обладающими превосходной или недостаточной красотой (Kenrick, Gutierres, & Golberg, 1989; Wedell, Parducci, & Geise, 1987) и эмоциональных факторах (White, Fishbein, & Rutstein, 1981).

Самооценка и стратегии соблазнения также изучались с целью понять их динамику в межличностном притяжении. В исследовании, проведенном Джонсом, Кнуреком и Реганом (1973 apud Jones, 1974), была поддержана идея о том, что условие одобрения способствует высокой самооценке, а также влечению. Однако индивиды с высокой самооценкой демонстрируют меньшую привлекательность в *условиях одобрения* и большую - в *условиях неодобрения.*

Что касается стратегий соблазнения, Джонс и Питтман (Jones and Pittman, 1982) отмечают, что поведение соблазнителя определяется тремя факторами: побудительной ценностью, субъективной вероятностью и воспринимаемой легитимностью. *Стимулирующая ценность* - это важность, придаваемая тому факту, что другой человек будет увлечен мной; *субъективная вероятность - это* вероятность того, что поведение будет успешным и вызовет ожидаемые атрибуции; а *воспринимаемая легитимность* - это оценка индивидом того, что его личные установки совместимы с моральными установками других людей.

Хотя близость, взаимодействие, постоянное воздействие, убеждения и установки людей являются важными факторами, способствующими межличностной привлекательности (Ilari, 2006), физическая привлекательность указывается в качестве определяющего фактора в генезисе межличностной привлекательности (Myers, 1993). В исследовании межличностной привлекательности, проведенном Файнгольдом (1990), отмечается, что мужской пол больше ценит физическую красоту, чем женский, хотя люди, считающиеся красивыми, более привлекательны для обоих полов (Myers, 1993).

Следует отметить, что убеждения и ценности, приписываемые межличностной привлекательности, варьируются в зависимости от социального контекста, поскольку они определяются культурой и контекстом. Они передаются через социальные отношения и непосредственно влияют на установление аттракции и, следовательно, на другие межличностные отношения (Ilari, 2006; Felmlee & Sprecher,

2000).

В этой логике социальные репрезентации красоты играют непосредственную роль в межличностных отношениях, а также в межличностной привлекательности. Этот факт отмечается в связи с тем, насколько телесные и эстетические вопросы в социальных взаимодействиях влияют на уровень удовлетворенности и неудовлетворенности самовосприятием и на то, как мы оцениваем окружающих нас людей, опосредованно средствами массовой информации, которые поощряют и разграничивают способы понимания и оценки того, что является красивым.

С этой точки зрения, когда красота социально представлена и ассоциируется, например, со *статусом,* здоровьем, властью, худобой и привлекательностью, она начинает направлять социальные практики, которые, в свою очередь, ассоциируют людей с характеристиками, называемыми красивыми, с большими шансами на успех в межличностных отношениях и межличностной привлекательности. Люди, которые не вписываются в социально выработанные профили красоты, с большей вероятностью будут исключены из определенных контекстов, в которых красота имеет приоритетное значение, и обвинены в своем положении.

Основываясь на перечисленных здесь аспектах, мы рассмотрим особенности двух категорий отношений, составляющих межличностную привлекательность: любовных и дружеских.

Любовные отношения можно считать темой, которая присутствует в самых разных контекстах - от неформальных повседневных разговоров до книг, фильмов, сериалов и музыки, поскольку они затрагивают все сферы человеческой жизни. Как один из видов межличностных отношений, существует ряд теорий, которые были предложены с целью объяснения и концептуализации соответствующих переменных (Alferes, 2004; Hatfield & Rapson, 1987).

Что касается теоретических вариаций, плюрализирующих знания об этом феномене, то некоторые теоретики отдают приоритет эволюционным и биологическим аспектам любовных отношений (Batten, 1995; Fisher, 1995; Buss, 1994; Buss & Barnes, 1986). С другой стороны, другие делают больший акцент на социальных и культурных компонентах (Matos, Feres-Carneiro & Jablonski, 2005; Felmlee & Sprecher, 2000; Feingold, 1990; Murstein, 1972).

В этой связи можно отметить, что эти теории, а также их конкретные методы и тематические оси дополняют друг друга, поскольку только один подход не смог бы объяснить все переменные, содержащиеся в любовных отношениях. На протяжении всей истории человечества понимание любовных отношений менялось под влиянием социальных, политических, экономических и культурных аспектов (Socci, 1983), поскольку на протяжении веков материальные интересы ставились во главу угла в ущерб аффективным союзам (Silva, 2002).

Любовные отношения обычно возникают в результате развития амурного чувства (любви) к определенному человеку. Это чувство является одной из самых интенсивных человеческих эмоций (Sternberg & Grajek, 1984) и особым типом межличностного влечения (Alferes,

2004), которое также считается основополагающим для успешных любовных отношений (Cassepp-Borges & Teodoro, 2007). В настоящее время этот тип отношений начинается в подростковом возрасте и отличается от отношений других поколений в связи с социокультурными трансформациями, которые изменили структуру современных стилей отношений (Weingartner, John, Bonamigo, & Goindanich, 1995).

С точки зрения клинической психологии любовь может быть связана с понятиями сублимированной сексуальности (Freud, 1910/1973), заботы, ответственности, уважения и знания (Fromm, 1956), а также удовлетворения потребностей (Maslow, 1974). С эволюционной точки зрения любовь понимается как следствие инстинктивных сексуальных потребностей, получение и предоставление защиты, а также как когнитивный инструмент воспроизводства (Wilson, 1981; Buss, 2006). Бихевиоризм понимает любовь как взаимное подкрепление поведения (Skinner, 1991), и эта позиция в настоящее время подтверждается нейровизуализационными исследованиями, в которых отмечается, что при показе фотографии любимого человека система вознаграждения активизируется в мозге в наибольшей степени (Aron, Fisher, Mashek, Strong, Li, & Brown, 2005).

Психометрика, напротив, стремится сосредоточиться на структурной природе любви, анализируя ее как набор когниций, аффектов и мотиваций, которые необходимо измерить, тем самым подтверждая объективность явления (Rubin, 1970; Sternberg & Grajek 1984; Sternberg, 1986; 1989; De Andrade & Garcia, 2012). В настоящее время любовь рассматривается как основополагающее условие удовлетворительных отношений и считается главным условием для вступления в брак. Чувству любви придается такое значение, что прекращение этого чувства рассматривается как справедливое условие для прекращения любовных отношений (Matos, Feres-Carneiro &

Jablonski, 2005).

Одна из современных стратегий любовных отношений, сформировавшаяся в 1980-х годах, известна как "пребывание". Это явление характеризуется как форма амурной встречи, которая обычно происходит в общественных местах, во время досуга, мотивированная физическим влечением (Bozon & Heilborn, 2001). Его можно рассматривать как этап, предшествующий свиданию (Oliveira, Gomes, Marques, & Thiengo, 2007). "Пребывание" проявляется в отсутствии обязательств между парами, целью которых является получение удовольствия через соблазнение, начиная с обмена поцелуями и заканчивая сексуальным контактом (Aguiar, 2011; Matos, Feres-Carneiro, & Jablonski, 2005).

В исследовании, проведенном Оливейрой и др. (2007) с целью понять социальные представления подростков о романтических отношениях, они отметили, что эти люди классифицируют аффективные отношения по трем стадиям: "зацепиться" (классифицируются как отношения без обязательств, кратковременный акт, который не повторяется); "зацепиться" (с большей степенью близости и интимности между партнерами, с переменной продолжительностью) и свидания (которые могут возникнуть на основе зацепиться). В литературе ухаживание представлено как форма романтических отношений, характеризующаяся стабильностью и приверженностью друг другу (Rodrigues et al., 2002).

В исследовании, проведенном Барбарой и Бертольдо (2006) среди молодых студентов университета, свидания ассоциируются с любовью, дружбой, дружеским общением, привязанностью и обязательствами. Исследования показали, что романтические отношения начинаются в подростковом возрасте, а первый поцелуй происходит в среднем в 12 лет (Borges & Schor, 2007).

Различные механизмы, задействованные в любовных

отношениях, были изучены с целью прояснить как структуру, так и причины и следствия этих содержаний, таких как любовь (Silva, Mayor, Almeida, Rodrigues, Oliveira, & Martinez, 2005; Sterberg & Grajek, 1984) и сексуальность (Wilson, 1978; Byrne, 1986; Kaplan, 1977), например. Среди перечня предположений, которые лежат в основе любовных отношений, выбор партнера заслуживает особого внимания, поскольку он является основополагающим фактором в установлении этих отношений. По мнению Анджело (Angelo, 1995), выбор партнера - это тонкая и сложная стратегия, в которой внимание культурно побуждается замечать специфические элементы интереса во внешности или поведении определенного человека.

По мнению Бустона и Эмлена (2003), люди выбирают себе партнеров по схожим физическим и социальным характеристикам, то есть партнеров, которые совместимы друг с другом для потенциально успешных отношений. Поэтому очень красивые женщины привлекают красивых мужчин больше, чем те, кто обладает другими характеристиками, например, деньгами. Наиболее желаемые качества в партнере - это те, которые больше всего наблюдаются в себе, поскольку они связаны с индивидуальным опытом и не ограничиваются характеристиками потенциальных женихов (Borrione & Lordelo, 2005).

При выборе партнера мужчины и женщины руководствуются разными критериями. Исследования на эту тему (Buss & Barnes, 1986; Kernrick, Sadalla, Groth, & Trost 1990) показали, что для женщин при выборе партнера важны такие критерии, как дружба, интеллект, креативность, чувство юмора, эмоциональная стабильность, социальное положение и уровень образования. Для мужчин же, хотя они и ценят все критерии, упомянутые женщинами, самым важным они считают красоту. Однако стоит отметить, что в этих исследованиях акцент делается на выборе партнеров для брака или долгосрочных отношений.

В исследовании Гомеша и Гамараски (2007), посвященном оценке подростками красоты и интеллекта при выборе партнера, было обнаружено, что на этот выбор влияет социально-экономический класс. Подростки из более низкого экономического класса отдавали предпочтение уму в романтических отношениях, в то время как подростки с более высокой покупательной способностью, поскольку у них была большая экономическая стабильность, отдавали предпочтение красоте при выборе партнера. Кроме того, Кенрич и др. (1990) отмечают, что женщины более осмотрительны при выборе партнеров на любом уровне отношений, в то время как мужчины более осмотрительны при выборе партнеров в долгосрочных отношениях.

Хэтфилд и Рапсон (1996) выдвинули гипотезу о том, что при выборе партнера в романтических отношениях люди руководствуются любовными схемами - то есть набором представлений, ценностей и установок об интимных отношениях, которые влияют и подвергаются влиянию контекста, - и что от этих схем зависит, насколько комфортно они чувствуют себя в близости и/или независимости, а также их готовность вступить в романтические отношения. Если люди заинтересованы в том, чтобы завязать романтические отношения, они делятся на четыре определенных типа: надежные, привязчивые, рискованные и непостоянные.

К *безопасному* типу относятся люди, которые чувствуют себя комфортно и при близости, и при независимости; к *цепкому* типу - те, кто чувствует себя комфортно при близости, но не при независимости; к *архаичному* типу, когда независимость является привилегией, а близость вызывает дискомфорт; к *непостоянному* типу, когда человек чувствует себя некомфортно и при близости, и при независимости. Лиц, не заинтересованных в поддержании стабильных любовных отношений, также можно разделить на две категории: *случайные* (когда интерес к стабильным любовным отношениям обусловлен минимумом возможных проблем, которые они могут вызвать) и *незаинтересованные* (когда нет интереса к любовным отношениям, с проблемами или без).

Стоит отметить, что эти схемы многофакторны, поскольку они формируются в раннем детстве (Scharfe & Bartholomew, 1994), проходят через подростковый возраст (Erikson, 1982) и продолжаются в аффективном опыте взрослой жизни (Hatfield & Rapson, 1996). Романтический опыт также структурирует отношение к нему, делая человека более (или менее) гибким к неблагоприятным факторам, возникающим в романтических отношениях. Взаимодействие между партнерами также влияет на поведение, демонстрируемое в романтических отношениях, поскольку в разных романтических отношениях люди могут вести себя по-разному (Hatfield, Singelis, Levine, Bachman, Muto, & Choo, 2007).

Что касается влияния любовных схем на предпочтения определенных партнеров в романтических отношениях, то научное сообщество уже выдвинуло ряд гипотез. Принимая во внимание то, что люди обычно находят привлекательным, когда ищут партнеров для романтических отношений, эти гипотезы включают в себя: *гипотезу сходства,* гипотезу *идеального партнера, гипотезу отталкивания* и гипотезу *идеального несходства* (Krueger & Caspi, 1993).

Согласно гипотезе идеального партнера*,* люди ищут любовные отношения идеализированным образом, как будто существует некий абстрактный идеал, которого необходимо достичь для того, чтобы отношения были успешными. Исследования, проведенные Хэтфилдом и Рапсоном (1993; 1996), а также Буссом (1994), показывают, что молодые люди во всем мире, как правило, имеют идеализированное представление о возможном партнере, предпочитая партнеров, обладающих следующими характеристиками: ласковых, умных, физически привлекательных, эмоционально стабильных, надежных и общительных.

Согласно *гипотезе сходства и отталкивания,* люди ищут похожих людей для романтических отношений и отталкивают тех, кого считают слишком непохожими. Некоторые исследования показали, что молодые люди испытывают романтическое влечение к людям, которых они считают похожими на себя, то есть к тем, кто, по их мнению, обладает совместимыми убеждениями, ценностями, установками, чувствами, поведением, физической привлекательностью, привычками или другими ценностными схемами, которые они считают важными (Buss, 1994; Burleson & Denton, 1992; Hatfield & Rapson, 1996).

Объяснение этому феномену может быть как биологическим, так и культурным, поскольку, по мнению Раштона (1989), люди генетически готовы искать сходство. Однако Бирн и др. (1971) утверждают, что люди находят удовлетворение в том, что разделяют одни и те же точки зрения, поэтому стремятся формировать межличностные озера с такими людьми, избегая партнеров, которые не разделяют ценности, считающиеся необходимыми для удовлетворительных любовных отношений.

Что касается *гипотезы оптимального несходства, то* она защищает предпосылку о том, что люди ищут романтических партнеров, которые отличаются от них по определенным вопросам, поскольку это служит дополнением к их личностям. Однако эта гипотеза получила мало эмпирической поддержки (Hatfield & Rapson, 1996), а общепринятая идея о том, что "противоположности притягиваются", больше не имеет теоретического обоснования.

Еще один вопрос, дополняющий эту тему, поднимают Пьетромонако и Карнелли (1994), которые утверждают, что в романтических отношениях и женщины, и мужчины стремятся к решению двух основных задач: адекватности гендерной роли (когда специфические социальные роли каждого пола должны соответствовать социальному окружению) и самопроверке (когда люди стремятся найти любящих партнеров, разделяющих и подтверждающих их личное представление о себе и мире).

специфические правила, продиктованные социальными нормами, которые различаются для мужчин и женщин. Это говорит о том, что пол людей является основополагающим фактором при анализе детерминант любовных практик и чувств и должен оцениваться с осторожностью.

ГЛАВА IV - ФИЗИЧЕСКАЯ КРАСОТА: СОВРЕМЕННЫЕ ИССЛЕДОВАНИЯ

В последние годы в исследованиях на эту тему был сделан значительный вклад в изучение взаимосвязи между физической красотой и широким спектром конструктов. С эволюционной точки зрения физическая привлекательность считается посредником полового отбора, поскольку характеристики, которые считаются привлекательными, как правило, информируют о биологических характеристиках потенциального партнера (Johnston, 2006). Перин, Перилла-Родригес и Фукусима (2014) провели обзор факторов, которые могут влиять на оценку привлекательности лица, и выделили 3 основных фактора: а) <u>родительская забота</u>: женщины выбирают более мужественные лица в периоды овуляции, что указывает на фертильность, и более женственные лица в периоды отсутствия овуляции, что указывает на верность и заботу о потомстве. Следует отметить, что такие переменные, как возраст, семейное положение, наличие детей и концепция привлекательности, могут изменить результаты; б) <u>психологические факторы:</u> самопривлекательность, как правило, влияет на восприятие привлекательности, поскольку женщины, считающие себя красивыми, отдают большее предпочтение маскулинным лицам, в то время как женщины, не считающие себя привлекательными, предпочитают более женственные лица; в) восприятие <u>доминирования</u>: восприятие доминирования, как правило, сигнализирует о возможной власти и может быть признаком хороших генов для потомства.

С этой же точки зрения Сильва и Фукусима (2011) исследовали, связана ли симметрия с привлекательностью лица, представив двадцать черно-белых фотографий фронтальных лиц молодых людей, и пришли к выводу, что симметрия лица за счет отражения полулиц не является существенным фактором в процессе формирования привлекательности лица. Продолжая рассматривать привлекательность лица с эволюционной точки зрения, Токумару и др. (2011) проанализировали влияние неверности на привлекательность лица мужчин и женщин, показав значительные различия в оценке женщинами фотографий потенциально неверных мужчин, приписывая им меньшую привлекательность, что можно объяснить адаптивными стратегиями, связанными с репродуктивными издержками.

В области межличностной привлекательности в некоторых исследованиях были получены результаты о связи между физической красотой и романтическими отношениями. Исследование Шлоссера и Камарго (2015а), посвященное социальным репрезентациям физической красоты для фотомоделей и немоделей, показало, что репрезентации, связанные с физической красотой, в основном сосредоточены на аспекте межличностной привлекательности, включая такие элементы, как "привлекательность", "соблазнение", "влияние", "модификация тела", "качество жизни" и "популярность". Также было обнаружено, что как для исследуемых групп, так и для пола участников физическая красота выходит за рамки здоровья, непосредственно фокусируясь на возможностях привлекательности.

Исследование, проведенное Шлоссером, Камарго и Тейшейрой (2015) и посвященное взаимосвязи между социальными представлениями о физической красоте и установлением романтических отношений, показало, что физическая красота играет центральную роль в установлении романтических отношений, считаясь наиболее важным элементом как для мужского пола, так и для группы моделей. Кроме того, другое исследование, направленное на изучение существования немой зоны в социальных репрезентациях физической красоты в контексте установления любовных отношений, показало, что участники как открыто считают ее центральным атрибутом в установлении любовных отношений, так и воспринимают, что другие люди считают ее так же (Schlosser & Camargo, 2015b).

Что касается работ, посвященных влиянию физической красоты в контексте работы, Гриши и др. (2015) проверили, как физическая красота воспринимается и интерпретируется работниками банковской системы, и пришли к выводу, что физическая красота ассоциируется с инвестициями в карьеру, инструментом управленческого менеджмента (превращая физическую красоту в элемент возможной прибыльности в банковском секторе с целью угодить клиентам), определителем видимости и невидимости (облегчая или предотвращая возможный профессиональный рост) и, следовательно, источником психических страданий.

По мнению Кардосо и Рея (2011), с психоаналитической точки зрения, функция, которую играет идеал красоты, связана с уникальным опытом в психической конституции, который, если он является источником рабства, обозначает попытку скрыть недостаток. Эмпирически, что касается смыслов, порождаемых феноменом физической красоты, в исследовании Тейшейры, Фрейтаса и Камины (2014), в котором изучались смыслы в конструировании красоты женского тела как формы власти у женщин, занимающихся физической активностью, красота была определена как форма доминирования в социальных отношениях, благодаря ее обрамлению, отличию и социальному признанию. Власть, вытекающая из физической красоты, представляется как стратегия соблазнения через создание привлекательной внешности.

В исследовании, проведенном Камарго и др. (2005) среди студентов факультета моды, было обнаружено, что социальная репрезентация красоты, разделяемая этой группой населения, имеет два аспекта: межличностный, в котором красота выступает как первая личностная характеристика, выделяемая в социальных отношениях; и нормативный, относящийся к социально определенным стандартам красоты, которым необходимо следовать. Кроме того, факт привлечения, соблазнения, завоевания или популярности демонстрирует потребность в одобрении, что указывает на то, что для того, чтобы человек чувствовал себя хорошо в отношении своего образа, ему необходимо одобрение других. (Camargo et al., 2005; Secchi, Camargo, & Bertoldo, 2009).

В исследовании, посвященном производству знаний о теле и красоте и их влиянию на физическое воспитание, Сильва и Порпино (2013) на основе анализа диссертаций обнаружили, что представления о красоте формируются на основе ценностей и кодов социальных групп, а также с учетом индивидуальной субъективности, вытекающей из уже пережитого опыта. Поэтому "красота представляется как незаконченная, неисчерпаемая и неопределенная идея, находящаяся в диалектике между разумным и созерцателем" (Silva & Porpino, 2013, p.337). Доводя эти социальные коды до идиократического проявления, Сильва, Саегер и Перейра (2011), исследуя факторы, связанные с образом тела у студентов факультета физической культуры, выявили в выборке из 230 участников неудовлетворенность избыточным весом и худобой, причем распространенность неудовлетворенности образом тела составила 62,8 % у юношей и 67 % у девушек.

Последствия того, что считается красивым, проникают и в другие среды, например в виртуальный мир. В исследовании, посвященном красивому телу в виртуальных играх, а точнее, на примере аватаров в игре *Second Life, было* обнаружено, что физические атрибуты, желаемые в реальном контексте, материализуются и в этих средах, причем женщины стремятся к чувственности, а мужчины - к физической силе (Zanetti, Moiolli, Schiavon, Rebustini, & Machado, 2012).

Тейшейра (2001) считает, что физическая красота приносит

доход ее обладателю, будь то получение работы или выбор сексуальных партнеров. Эта красота, производимая и потребляемая социально, поскольку она вознаграждает своего носителя, приводит к разработке бесчисленных процедур по ее приобретению, увеличению или сохранению, чтобы получить социальную отдачу, которая ей приписывается. Для того чтобы достичь этой телесной красоты, потребление косметики и хирургические эстетические процедуры представляют собой одну из возможностей. Стрелау, Кларо и Лабан Нето (2015) исследовали феномен тщеславия как движущую силу потребления этих косметологических практик. Их результаты показывают, что степень тщеславия напрямую связана со склонностью к процедурам, а также ассоциируется с самооценкой тела, использованием косметики и процедур. Это также показывает, что тщеславие можно понимать как здоровую потребность в укреплении благополучия и самооценки.

Результаты, связывающие использование косметики со стратегией повышения самооценки, были также выявлены Ливраменто, Хор-Мейллом и Пессоа (2013), которые попытались определить индивидуальные ценности, мотивирующие женщин с низким уровнем дохода покупать косметику. Они обнаружили, что, даже если они считали это излишним, потребление косметики этим классом потребителей повышало их самооценку, а также позволяло добиться уважения со стороны социальных слоев, которые считались выше. Для участниц исследования забота о своей физической красоте была стратегией снижения восприятия социальной дискриминации.

Еще один важный компонент в исследованиях физической красоты - влияние СМИ на формирование и распространение эстетических стандартов, учитывая масс-медиа. Реклама, журналы, *рекламные щиты,* передачи о жизни знаменитостей, а также другие средства массовой информации косвенно преподносят идею о том, что внешность отвечает за успех и счастье в межличностных отношениях. Эти стратегии действуют как эвристики, создавая искаженное представление о том, что для достижения этих целей необходимо иметь определенные эстетические стандарты (Goetz, 2009; Schlosser, 2014).

Фигейредо, Насименто и Родригес (2017), исследуя репрезентации женского тела в бразильских женских журналах, считают, что визуальный акцент на физической привлекательности моделей, ассоциирующий их тела с косметическими средствами, начинает создавать ассоциацию между культом тела и приобретением товаров и услуг, в результате чего создается обещание здоровья и красоты как путей к успеху, всегда связанных со способностью к индивидуальному потреблению.

Можно выделить и другие исследования, посвященные репрезентации тела в журналах, такие как Souza, Oliveira, Nascimento и Carvalho (2013), в которых анализировались образы и репрезентации женского тела в связи с употреблением наркотиков в национальных журналах, и Nascimento, Prochno и Silva (2012), в которых изучалось влияние СМИ на субъективность женского тела. Было обнаружено, что, воспроизводя эстетические стандарты, СМИ ставят людей перед проблемами, которые стимулируют употребление наркотиков для получения идеального тела, а также фокусируют внимание на женском эротизме, связывая его со *статусом* сексуального объекта, способствуя снижению социальной значимости женщины (Souza et al., 2013), а также прямой связи между телом и потреблением [тело куплено, тело потреблено] (Nascimento et al., 2012).

В исследовании Андраде (2003), посвященном репрезентации здоровья и красоты женского тела, он отметил, что то, что в настоящее время определяет физическую красоту: быть стройным, высоким, белым, красивым, гетеросексуальным и здоровым; позиционирует индивидов в рамках социальной шкалы, где вышеупомянутые атрибуты являются теми, кто классифицирует людей. С этой точки зрения средства массовой информации, реклама и промышленность превращают тело в экономический, социальный и культурный артефакт.

В исследовании норм, репрезентаций и практик тела, проведенном Камарго, Хусто и Джоделе (2010), отмечается, что существуют различия в том, как женщины и мужчины представляют свое тело, причем женщины более требовательны к своему самовосприятию и стандартам красоты. Что касается мужчин, то современность постепенно привела к тому, что эта публика стала больше заботиться о красоте. Исследование, предложенное Фонтесом, Борелли и Казотти (2012), посвящено взаимосвязи между маскулинностью и потреблением красоты через товары и услуги. Результаты отличаются от тех, что были получены на женских выборках. Для мужчин, участвовавших в исследовании, красота способствует любви и социальным отношениям, но они не считают этот атрибут более важным, чем профессиональный и интеллектуальный фактор - ассоциирующийся с мужским полом. Кроме того, "быть красивым" должно рассматриваться не как необходимость или усилие, а как побочный эффект стремления к здоровью. Поэтому забота о красоте для некоторых мужчин все еще остается табу, ассоциируясь с женским началом, и существует "ограничение" между мужскими практиками по сравнению с женскими.

С другой стороны, можно проверить публикации, посвященные феномену физической красоты в жизненном цикле. Исследования показывают, что предпочтение красоты является врожденной характеристикой человеческого вида, с автоматическим распознаванием красоты неосознанным образом. Исследования показывают, что дети чувствительны к красоте с самого рождения, отдавая предпочтение красивым лицам (Langlois et al., 1987; Langlois, Ritter, Roggmam, & Vaughn, 1991; Samuels, Butterworth, Roberts, Graupner, & Hole, 1994).

Однако, несмотря на убедительные доказательства существования этой биологической характеристики, социальные факторы, как правило, определяют ценности, убеждения и практики, связанные с эстетикой. Начиная с детства, в большинстве межличностных контекстов представляются социально сконструированные модели красоты, формирующие представления о ней. Особенно в период полового созревания молодые люди склонны испытывать дискомфорт по поводу своего тела, считая, что оно не соответствует "норме".

В контексте детей, как ранней стадии развития человека, существует современная оценка физической красоты на этом этапе, формирующая стереотипы стандартов красоты, циркулирующие в средствах массовой информации, которые оказывают непосредственное влияние на социальное мышление и практику, благоприятствуя процессам взросления и ранней эротизации. Карвальо и Серпа (2014), стремясь понять восприятие женского тела, красоты и СМИ, провели кейс-стади с матерью по поводу участия ее дочери в конкурсах красоты. В дискурсе участницы средства массовой информации были определены как устанавливающие ценности идеала тела, усиливающие процесс взросления в детстве.

Ассунгао, Ассис и Кампос (2012) в исследовании социальных представлений о детском теле, основанном на журнале Pais e filhos

1970-х годов, выявили представления, объективированные образом современной фабрики, поддерживаемые идеалом красоты, а также ассоциирующие его с другими явлениями: здоровье, отмеченное идеалом красоты, и классифицированное через оппозицию между здоровьем/болезнью, нормальным/ненормальным, способствуя будущей ассоциации бинома "здоровье/красота".

В качестве примера моделей, социально представленных в самых разных средствах трансляции ценностей, Симили и Соуза (2015) проверили конструирование ценностей красоты и косметологических практик в детстве на основе книги "Советы Барби" (Ariello, 2007). В книге они выделили модели, которые представляют производство смыслов о том, что такое красота и как ее достичь, через практики эстетического ухода и потребление модных товаров и продуктов, связанных с внешностью, а также артефактов/объектов косметической индустрии. Авторы отмечают, что эти модели конструируют и распространяют представления о красоте, которые укрепляют стереотипы о стандартах красоты и связанных с ней убеждениях, таких как счастье, например.

Понтес (Pontes, 2018) исследовал формирование образа тела у детей в возрасте от шести до двенадцати лет, посещающих салоны красоты в Бразилиа (округ Колумбия, Бразилия), и обнаружил, что эстетические стандарты вуалируются через образы и дискурс, ценящие стройное тело и прямые волосы, а также стереотипные модели поведения каждого пола. Исследователь в своем этнографическом исследовании приводит примеры различий, которые проявляются в пространстве, предоставляемом детям для сидения (троны принцесс и машины), а также в конкретных высказываниях о "хороших и плохих волосах", "мужской стрижке", "хорошо выглядеть для своих подруг" [выделено множественным числом].

В другом очень актуальном исследовании изучалось влияние

знакомства на восприятие физической привлекательности у дошкольников (Lee-Manoel, Morais, Bussab, & Otta, 2002) с целью определения взаимосвязи между суждениями о физической привлекательности, социометрическими показателями и поведенческими атрибутами у дошкольников. Были выявлены значимые корреляции между суждениями о физической привлекательности и уже знакомыми людьми или индивидами с позитивным выбором и просоциальными поведенческими атрибутами, делающими "красивыми" тех, кто ведет себя соответствующим образом.

В контексте подросткового возраста Браво и Домингес (2018) обсуждают представления о красоте у подростков с расстройствами пищевого поведения, выявляя ожидаемую ассоциацию красоты с худым телом, хотя и не чрезмерно, особенно в определенных областях: живот, ягодицы и лицо. Кроме того, наблюдалась дифференциация элементов, ассоциирующихся с красотой в зависимости от пола, когда мужское тело должно демонстрировать силу, а женское - хрупкость, объединяя их со стандартом худобы.

В свою очередь, пожилой возраст также имеет свои ценности, связанные с красотой. В исследовании Ferreira et al. (2014), посвященном состоянию питания и самовосприятию образа тела пожилыми женщинами, было обнаружено, что 74 % участниц были недовольны своим телом либо из-за недостаточного, либо из-за избыточного веса, причем живот и нижние конечности, по мнению участниц, были частями тела, вызывающими наименьшее удовлетворение. Эти данные заслуживают осмысления и дальнейшего изучения, учитывая проблемы, связанные с триадой "тело, красота и здоровье", связанной с четвертым основополагающим элементом в восприятии других явлений - старением.

Фин, Портелла и Скортегага (2017) в исследовании, посвященном восприятию пожилыми женщинами красоты тела и ее значения в старости, обнаружили, что красота все еще основана на социальных стандартах, представляя собой воображаемую двойственность эстетического восприятия себя, того, что им нравится и не нравится в своем теле. В рамках биномии "здоровье-красота", связанной с телом, красота в пожилом возрасте связана со здоровьем и заботой о себе и своих отношениях.

Однако мужчины в пожилом возрасте также формируют ценности и убеждения относительно своего тела. Работа Ладглейдсона, Эльбы и Амарала (2011), посвященная социальным представлениям о теле пожилых мужчин, выявила обезличенный подход к телу, не связывающий его с самооценкой, а в основном со здоровьем с точки зрения организицма, то есть физическими изменениями, возникающими в результате процесса старения.

Цель этой заключительной рецензии - более четко изложить некоторые соображения, встречающиеся в книге. Цель - выделить важные данные, но прежде всего дать понять, что эта работа - введение в изучение физической красоты, древнего явления в социальном и индивидуальном опыте, но появляющегося в научном контексте.

В целом, исследования физической красоты не позволяют анализировать ее в отрыве от других связанных с ней переменных: здоровья, тела, межличностной привлекательности, социальных отношений, конструирования идентичности и т. д. Помимо социальных отношений, средства массовой информации в настоящее время способствуют формированию и программированию норм, ценностей, убеждений и практик, превращая красоту в объект, который нужно покупать, потреблять и напрямую связывать со здоровьем - как физическим [определенные тела], так и психическим [самооценка, например].

Физическая красота - это качество, приписываемое телу человеком или обществом (Le Pape, 2006), и ее стандарты социально конструируются через ценности, убеждения, образы, установки и поведение; вокруг этого качества циркулируют различные смыслы. Кроме того, красота связана с физическими атрибутами, которые передаются в средствах массовой информации (Sampaio & Ferreira, 2009), принося им известность благодаря популярности и влиянию их красоты. Различные исследования выявили влияние различных средств массовой информации на формирование стандартов красоты.

В своей рекламе средства массовой информации изображают людей с высоким уровнем жизни, молодых, красивых, здоровых и счастливых, усиливая модель постоянного стимулирования поиска счастья через красоту. Никогда еще поиск идеального стандарта красоты не был столь стимулирован и ценен, что, по мнению Томсена, Маккоя, Густафсона и Уильямса (2002), является формой иллюзии благополучия, для достижения которой необходимо, чтобы человек соответствовал определенным установленным стандартам.

Бином "красота-здоровье" также встречается в различных исследованиях. Однако красота является определяющим фактором, поскольку здоровье становится эстетическим идеалом, а те, кто не обладает такой красотой, не считаются здоровыми (Vilhena & Medeiros, 2005). В настоящее время здоровый образ жизни и хорошая физическая форма являются одной из главных забот населения. Однако речь идет не только о здоровье, но и о здоровом теле, которое, прежде всего, должно быть красивым, поскольку культ тела и красоты является доминирующим, поскольку красота ассоциируется с посланиями успеха, счастья и популярности (Witt & Schneider, 2011).

Последняя проблема, поднятая для будущих постановок, предстает в виде вопроса. Новые средства медиапрограммирования, так называемые "социальные сети", стали для обычных людей возможностью попасть в мир знаменитостей, причем одной из возможных стратегий является демонстрация красивого тела. Примером тому может служить социальная сеть "Instagram", предназначенная для обмена изображениями, которая позволяет "обычным" людям достичь *статуса так* называемого "цифрового агента влияния". Это те, кому удается, как следует из названия, влиять на своих подписчиков в сторону определенной модели, получая *статус* знаменитости и карьеру - или внешность, - желанную для женской публики. Они получили "имя" (Bourdieu, 1990) благодаря своему телу, своей внешности, своей красоте. Это подчеркивает связь между красотой и популярностью, которая стала основополагающим элементом бразильской культуры (Goldenberg, 2005).

Эта книга - приглашение к обучению, но она также хочет стать приглашением к тому, чтобы поставить под сомнение тело и красоту как явления, которые следует исследовать с осторожностью. Уход за телом заслуживает вопросов, и необходимо задуматься о его пользе и вреде, о том, насколько он является катализатором просоциальных отношений и насколько он вмешивается в процессы сегрегации, маргинализации и дискриминации. Цель не в том, чтобы оторвать красоту и заботу о ней от позитивного измерения, которое, искажая ее, приравнивает ее к плохому. Цель - проблематизировать красоту в обществе потребления, рискуя объективировать человека, превращая красоту в объект потребления, а поскольку красота потребляется, она также может быть выброшена - без учета субъекта, который ее носит.

ССЫЛКИ

Агиар, А. де. (2011). Любовные отношения в подростковом возрасте и риск: исследование роли любви в восприятии риска в связи с ВИЧ/СПИДом. (Магистерская диссертация). Программа аспирантуры по психологии. Федеральный университет Санта-Катарины, Флорианополис.

Алферес, В. Р. (2004). Межличностная привлекательность, сексуальность и интимные отношения. In: J. Vala & M. B. Monteiro. *Psicologia Social,* 6 ed., Calouse Gulbenkian Foundation: Лиссабон.

Alma, J. M., & Costa, M. L. R. B. da. (2011). Мир СМИ в мире красоты: как косметологи покупают косметические продукты. *Слухи, 10(5),* 166-187.

Андраде, С. дос С. (2003). Здоровье и красота женского тела: некоторые представления в Бразилии XX века. *Revista Movimento, 9*(1), 119143.

Andrieu, B. (2006). *Le dictionnaire du corps en sciences humaines et sociales.* Paris: CNRS Editions.

Анджело, К. (1995). Выбор партнера. In: M. Andolfi; C. Angelo & C. Saccu (eds.). *Пара в кризисе.* 3 ed. Сан-Паулу: Summus.

Араужо, Д. К. де, и Кун-младший, Н. (2012). Стопроцентная женская красота? Правда для Natura. *Revista Fronteiras - estudos mediaticos, 14(1),* 52-62.

Аргайл, М. (2001). *Психология счастья* (2 изд.) Хоув/Нью-Йорк: Routledge/ Taylor & Francis.

Ариелло, Ф. (2007). *Советы Барби по красоте.* Сан-Паулу: Fundamento.

Арон, А., Фишер, Х., Машек, Д. Ж., Стронг, Г., Ли, Х., и Браун, Л. Л.

(2005). Системы вознаграждения, мотивации и эмоций, связанные с интенсивной романтической любовью на ранней стадии. *Журнал нейрофизиологии, 94,* 327-337.

Ассунгао, К. К. де С., Ассис, Р. М. де, и Кампос, Р. Х. де Ф. (2012). Красивые, здоровые и нормальные: социальные репрезентации детских тел в журнале Pais & Filhos (1968-1977). *Revista Brasileira de Ciencias do Esporte, 34(3),* 571-587.

Барбара, А., и Бертольдо, Р. Б. (2006). Социальная репрезентация свиданий: близость, как ее видят молодые люди. *Psico-USF, 11*(2), 229-237.

Батиста, Н. Б. (2008). Морщины и шины, что в этом плохого? Дискурс красоты вне рекламных стандартов. *Revista Ciberlegenda, 20,* 1-13.

Бэттен, М. (1995). *Сексуальные стратегии: как женщины выбирают себе партнеров.* Рио-де-Жанейро: Изд. Роза дос Темпос.

Бэттен, М. (1995). *Сексуальные стратегии: как женщины выбирают себе партнеров.* Рио-де-Жанейро: Изд. Роза дос Темпос.

Бершайд, Э. (1986). Вопрос о важности физической привлекательности. In: C. P. Herman, M. P. Zanna & E. T. Higgins (Orgs.), *Physical appearance, stigma, and social behavior* (pp. 7-21). Хиллсдейл. Нью-Джерси: Lawrance Erlbaum.

Бершайд, Э. (1986). Вопрос о важности физической привлекательности. In: C. P. Herman, M. P. Zanna & E. T. Higgins (Orgs.), *Physical appearance, stigma, and social behavior* (pp. 7-21). Хиллсдейл. Нью-Джерси: Lawrance Erlbaum.

Berscheid, E., & Reis, H. T. (1998).Attraction and close relationships. In: D. T. Gilbert, S. T. Fiske, & G. Lyndzey (Eds.), *Handbook of social psychology* (4ª ed.), pp. 193-281. New York: McGraw-Hill.

Боргес, С. Л. В., и Шор, Н. (2007). Мужчины-подростки и сексуальная жизнь: гетерогенность мотивов, связанных с началом половой жизни. *Cadernos de Sahde Phblica, 23(1),* 225-234.

Borrione, R. T. de M., & Lordelo, E. da R. (2005). Выбор сексуального партнера и родительские инвестиции: перспектива развития. *Interagao em Psicologia, 9*(1), 35-43.

Бозон, М., и Хейлборн, М. Л. (2001). Ласки и слова: сексуальная инициация в Рио-де-Жанейро и Париже. *Novos Estudos CEBRAP, 59,* 111135.

Браво, Ф. М., и Домингуш, Ж. В. (2018). Концепции красоты у подростков с анорексией и булимией в школе города Рио-Гранде/РС. *Revista Latinoamericana de Estudios en Cultura y Sociedad, 4,* 1-16.

Burleson, B. R., & Denton, W. H. (1992). Новый взгляд на сходство и влечение в браке: Сходство в социально-когнитивных и коммуникативных навыках как предикторы притяжения и удовлетворенности. *Communication Monographs, 59,* 268-287.

Бусс, Д. М. (1994). *Эволюция желания.* Нью-Йорк: Basic Books.

Бусс, Д. М. (2006). Эволюция любви. В книге Р. Дж. Стернберга и К. Вайса (ред.) *"Новая психология любви"* (с. 65-86). Лондон: Yale University Pres.

Buss, D. M., & Barnes, M. (1986).Preferences in human mate selection. *Journal of Personality and Social Psychology, 50(3),* 559-570.

Buston, P. M., & Emlen, S. T. (2003). Когнитивные процессы, лежащие в основе человеческого выбора партнера: связь между самовосприятием и предпочтением партнера в западном обществе. *Proceedings of the National Academy of Sciences of the United States, 100* (15), 8805-8806.

Бирн, Д. (1971). *Парадигма аттракции.* Нью-Йорк: Academic Pres.

Бирн, Д. (1971). *Парадигма аттракции.* Нью-Йорк: Academic Pres.

Бирн, Д. (1986). Введение: изучение сексуального поведения как междисциплинарное мероприятие. In: D. Byrne & K. Kekkey (Eds.), *Alternative approaches to the study of sexual behavior* (pp.1-12), Hillsdale, New Jersey: Erbaum.

Бирн, Д. (1992).   *Переход от контролируемой лаборатории*

экспериментировать с настройками без контроля: Сюрприз! Дополнительные

переменные являются оперативными Коммуникационные монографии, *59,* 190-198.

Byrne, D., & Buhler, J. A. (1964). Заметка о влиянии близости на знакомство. *Psychonomic Science, 4,* 699-703.

Камарго, Б. В., Гетц, Э. Р., Барбара, А., и Джусто, А. М. (2007). Социальные представления о красоте у студентов факультета физической культуры и моды. In: *Abstracts of online scientific communications, V International Conference and III Brazilian Conference on Social Representations.* Бразилиа.

Камарго, Б., Хусто, А. и Жоделе, Д. (2010). Нормы, социальные репрезентации и телесные практики. *Revista Interamericana de Psicologia, 44*(3), 456-464.

Карвальо, И. А., и Серпа, М. Г. (2014). Тело и красота: Дети, участвующие в конкурсах красоты. *Psicologia: Ciencia e Profissao, 34*(4), 835-849.

Кассепп-Боржес, В., и Теодоро, М. Л. М. (2007). Психометрические свойства бразильской версии шкалы любовного треугольника Стернберга. *Psicologia: Reflexao e Critica, 20(3),* 513-522.

Кастро, Ф. Н. (2009). Романтические предпочтения и выбор среди студентов университета (магистерская диссертация). Программа аспирантуры по психобиологии. Федеральный университет Риу-Гранди-ду-Норти, Натал.

Coleta, A. dos S. M. D., Coleta, M. F. D., & Guimaraes, J. L. (2008). Может ли любовь быть виртуальной? Любовные отношения через Интернет. *Psicologia em estudo, 13(2),* 277-285.

Де Андраде, А. Л., и Гарсия, А. (2012). Разработка многомерной меры для оценки качества романтических отношений - Aquarela-R.

Psicologia: Reflexao e Critica, 25 (4), 634643.

Дион, К., Бершайд, Э. и Вальстер, Э. (1972). Что красиво, то хорошо. *Журнал "Личность и социальная психология", 24(3),* 285-290.

Дак, С., и Перлман, Д. (1985). Тысяча островов личных отношений: Описательный анализ для будущих исследований. In: S. Duck, & D. Perlman (Orgs.), *Understanding personal relationships: an interdisciplinary approach* (pp. 1-15), London: Sage.

Эко, У. (2004). *История красоты.* Рио-де-Жанейро: Рекорд.

Эриксон, Э. (1982). *Завершенный жизненный цикл: обзор.* New York: Norton.

Эткофф, Н. (1999). *Закон самого красивого:* наука о красоте. Обьетива: Рио-де-Жанейро.

Фо, Д. С. (2000). *Красота века.* Сан-Паулу: Издательство Cosac & Naify.

Фер, Б. (1996). *Процессы дружбы.* Лондон: Сейдж.

Файнголд, А. (1990). Гендерные различия в влиянии психической привлекательности на романтическое влечение: сравнение пяти исследовательских парадигм. *Journal of Personality and Social Psychology, 59,* 981-993.

Файнголд, А. (1990). Гендерные различия в влиянии психической привлекательности на романтическое влечение: сравнение пяти исследовательских парадигм. *Journal of Personality and Social Psychology, 59,* 981-993.

Фелмли, Д., и Шпрехер, С. (2000). Близкие отношения и социальная психология: пересечение и будущие пути. *Квартет социальной психологии, 63,* 365-376.

Феррейра, А. А., Менезес, М. Ф. Г., Таварес, Е. Л. Нунес, Н. К., Соуза, Ф. П. де, Альбукерке, Н. А. Ф., и Пиньейро, М. А. М. (2014). Пищевой статус и самовосприятие образа тела пожилых женщин из Открытого университета третьего возраста. *Revista Brasileira de Geriatria e Gerontologia, 17*(2), 289-301.

Феррейра, А. Б. де X. (2004). *Novo dicionario Aurelio da Lingua Portuguesa* (3 изд.). Куритиба: Позитиво.

Festinger, L., Schachter, S., & Back, K. (1950). *Социальное давление в неформальных группах: исследование человеческих факторов в жилищной сфере.* Нью-Йорк: Харпер.

Figueiredo, D. de C., Nascimento, F. S., & Rodrigues, M. E. (2017). Дискурс, культ тела и идентичность: репрезентации женского тела в бразильских журналах. *Linguagem em (Dis)curso, 17*(1), 67-87.

Фин, Т. К., Портелла, М. Р., и Скортегага, С. А. (2017). Старость и красота тела пожилых женщин: разговор между женщинами. *Бразильский журнал гериатрии и геронтологии, 20(1),* 77-87.

Фишер, Г. (2002). *Фундаментальные концепции социальной психологии.* Лиссабон: Институт Пиаже.

Фишер, X. (1995). *Анатомия любви:* естественная история моногамии, супружеской измены и развода. Рио-де-Жанейро: Эврика.

Флоридо, Дж. (2000). *Платон: жизнь и творчество.* Сан-Паулу: Editora Nova Cultural.

Фонтес, О. де А., Борелли, Ф. К., и Казотти, Л. М. (2012). Как быть мужчиной и быть красивым? Исследование взаимосвязи между маскулинностью и потреблением красоты. *REAd. Revista Eletronica de Administragao (Porto Alegre), 18(2),* 400-432.

Фрейд, С. (1910/1973). *Пять связей с психоанализом и вклад в психологию любви.* Рио-де-Жанейро: Имаго.

Фромм, Э. (1956). *Искусство любить.* Рио-де-Жанейро: Захар.

Гетц, Э. (2009). Социальные репрезентации тела, СМИ и установки (докторская диссертация). Программа аспирантуры по психологии. Федеральный университет Санта-Катарины, Флорианополис.

Гетц, Э. Р., Камарго, Б. В., Бертольдо, Р. Б., и Джусто, А. М. (2008). Социальная репрезентация тела в печатных СМИ. *Psicologia e*

Sociedade, 20(2), 226-236.

Гольденберг, М. (орг.) (2002). *Nu & Vestido:* dez antropologos relevam a cultura do corpo carioca. Rio de Janeiro: Record.

Голденберг, М. (2005). Гендер и тело в бразильской культуре.*Psicologia Clinica, 17*(2), 65 - 80.

Гомес, Г. Р., и Карамаски, С. (2007). Оценка красоты и интеллекта подростками из разных социальных слоев. *Psicologia em Estudo, 12*(2), 295-303.

Грасиндо, Г. К. Л. (2015). Моральность хирургических вмешательств в эстетических целях в соответствии с принципиалистской биоэтикой. *Revista de bioetica* (Impr.), *23(3),* 524-34.

Гриши, К. Л. И., Деус, Э. С. де, Рех, С., Родригес, М. Ф., и Гоис, П. Х. де. (2015). Физическая красота и нематериальный труд: От политкорректности к прибыльности. *Psicologia: Ciencia e Profissao, 35*(2), 406-422.

Хамермеш, Д., и Бридл, Дж. Е. (1994). Красота и рынок труда. *Американское экономическое обозрение, 84(5),* 1174-1194.

Хэтфилд, Э., и Рапсон, Р.Л. (1987). Страстная любовь/сексуальное желание: может ли одна и та же парадигма объяснить и то, и другое? *Archives of sexual behavior, 16,* 259-278.

Хэтфилд, Э. и Рэпсон, Р.Л. (1993).Любовь, секс и инициация.Нью-Йорк: HarperCollins.

Hatfield, E., & Rapson, R.L. *(1996).Love and Sex:* cross-cultural perspectives. New York: Allyn & Bacon.

Хэтфилд, Э., Сингелис, Т., Левин, Т., Бахман, Г., Муто, К., и Чу, П. (2007).Схемы любви, предпочтения в романтических партнерах и реакция на обязательства. *Interpersona, 7*(1), 1-24.

Хайдер, Ф. (1958). Психология межличностных отношений. Сан-Паулу: Livraria Pioneira Editora.

Хелман, К. Г. (2003). *Культура, здоровье и болезнь* (4-е издание):

Порту-Алегри: Артмед.

Хоманс, Г. К. (1961). *Социальное поведение: Его элементарные формы.* Нью-Йорк: Харкорт, Брейс Йованович.

Hovland, C. I., Harvey, G. J., & Sherif, M. (1957). Эффекты ассимиляции и контраста в реакции на коммуникацию и изменении отношения. *Journal of Abnormal and Social Psychology, 55,* 244-252.

Ховланд, К. И., Дженис, И. Л., и Келли, Х. Х. (1953).*Коммуникация и убеждение.*Нью-Хейвен: Издательство Йельского университета.

Хьюстон, Т. Л. (1983). *Перспектива межличностной привлекательности.* Основы межличностной привлекательности. New York: Academic Press.

Илари, Б. (2006). Музыка, социальное поведение и межличностные отношения. *Psicologia em Estudo, 77* (1), 191-198.

Иванович, Б., Алвес, Р., Кофес, С., Лопес, М. И. да С., и Кастеллани Фильо, Л. (1994). Образ и сознание тела. In: H. T. Bruhns (org.) *Conversandosobre o corpo (5* ed.), Campinas: Ed. Papirus, pp. 63-81.

Хесус, Ж. Г. де (2011). Межличностное притяжение и отталкивание. In: C. V. Torres & E. R. Neiva (et al.). *Социальная психология: основные темы и направления* (pp.238-252). Порту-Алегри : Артмед.

Jodelet, D. (1994). Le corps, la persone et autrui. In: S. Moscovici (Org.). *Psychologie sociale des relations a autrui.* (pp. 41-68). Paris: Натан.

Jodelet, D., Ohana, J., Bessis-Monino, C., & Dannenmuller, E. (1982). *Система репрезентации корпуса и социальных групп* (отчет, том 1) Laboratoire de Psychologie Sociale : E. H. S. S.

Джонстон, В. С. (2006). Решения о выборе партнера: Роль красоты лица. *Trends in Cognitive Sciences, 10*(1), 9-13.

Джонс, Д. (1991). Удовлетворенность дружбой и пол: Исследование половых различий в факторах, способствующих удовлетворенности дружбой. *Журнал социальных и личных отношений, 8,* 167-185.

Jones, E. E., & Pittman, T. S. (1982). Toward a general theory of strategic self-presentation. In: J. Suls (Ed.), *Psychological perspectives on the self.* Hillsdale, New Jersey: Erlbaum.

Каплан, X. C. (1977). *Новая секс-терапия.* Рио-де-Жанейро: Изд. Nova Fronteira.

Kendrick, D. T., Gutierres, S. E., & Goldberg, L. L. (1989). Влияние популярной эротики на суждения о незнакомцах и товарищах. *Журнал экспериментальной социальной психологии, 25,* 159-167.

Kenrick, D. T., & Gutierres, S. E. (1980). Эффекты контраста и суждения о физической привлекательности: когда красота становится социальной проблемой. *Journal of Personality and Social Psychology, 38,* 131-140.

Kenrick, D.T., Sadalla, E.K., Groth, G., & Trost, M.R. (1990). Эволюция, черты характера и этапы ухаживания за человеком: квалификация модели родительских инвестиций. *Journal of personality, 58*(1), 97-116.

Кепхарт, У. (1967). Некоторые корреляты романтической любви. *Журнал о браке и семье, 29,* 470-479.

Krebs, D., & Adinolfi, A. A.(1975). Физическая привлекательность, социальные отношения и стиль личности. *Journal of Personality and Social Psychology, 31,* 245-253.

Krueger, R.F., & Caspi, A. (1993). Личность, возбуждение и удовольствие: A test of competing models of interpersonal attraction. *Personality and Individual Differences, 14,* 105-111.

Langlois, J. H., Ritter, J. M., Roggman, L. A., & Vaughn, L. S. (1991). Разнообразие лиц и предпочтения младенцев в отношении привлекательных лиц. *Психология развития, 27,* 79-84.

Langlois, J. H., Roggman, L. A., Casey, R. J., Ritter, J. M., Rieser-Danner, L. A., & Jenkins, V. Y. (1987). Предпочтения младенцев в отношении привлекательных лиц: Rudiments of a stereotype? *Психология развития, 23,* 363-369.

Лангмейер, Л., и Шэнк, М. (1994). Управление красотой: продукты и люди. *Journal of Product & Brand Management, 3*(3), 27-38.

Langmeyer, L., & Shank, M.(1995). Тело и душа: влияние физической привлекательности на поведение. *Advances in consumer research, 22,* 746-752.

Ле Папе, Й. (2006). Beaute/Laideur. In: B. *Le dictionnaire du corps en sciences humaines et socials* (pp.48-49). Paris: CNRS Editions.

Ли-Маноэль, К. Л., Мораис, М. де Л. С. е, Буссаб, В. С. Р., и Отта, Е. (2002). Кто хорош (и мне нравится), тот красив: влияние знакомства на восприятие физической привлекательности у дошкольников. *Psicologia: Reflexao e Crtica, 15*(2), 271-282.

Leyens, J.P., & Yzerbyt, V. (1997). *Социальная психология.* Лиссабон: Edigoes 70.

Липовецкий, Г. (2000). *Третья женщина:* постоянство и революция женского начала. Сан-Паулу: Cia da Letras.

Ливраменто, М. Н., Хор-Мейлл, Л. Ф., и Пессоа, Л. А. Г. де П. (2013). Ценности, мотивирующие женщин с низким уровнем дохода покупать косметику. *Revista de Administragao Mackenzie, 14*(1), 44-74.

Lott, A. J., & Lott, B. C. (1961).Сплоченность группы, уровень общения и конформизм. *Journal of Abnormal and Social Psychology, 20,* 139148.

Ладглейдсон, А., Са, Э. К. ду Н., и Амарал, Э. де Б. (2011). Тело и старость: исследование социальных представлений среди пожилых мужчин. *Psicologia: Ciencia e Profissao, 31(3),* 468-481.

Маслоу, А. (1974). *Введение в психологию бытия.* Рио-де-Жанейро: Эльдорадо.

Матос, М., Ферес-Карнейро, Т., и Яблонски, Б. (2005). Подростковый возраст и любовные отношения: исследование молодых людей из низших слоев населения Рио-де-Жанейро. *Interaqao em Psicologia, 9*(1), 21-33.

Матос, М., Ферес-Карнейро, Т., и Яблонски, Б. (2005). Подростковый возраст и любовные отношения: исследование молодых людей из низших слоев населения Рио-де-Жанейро. *Interaqao em Psicologia, 9*(1), 21-33.

Матос, М., Ферес-Карнейро, Т., и Яблонски, Б. (2005). Подростковый возраст и любовные отношения: исследование молодых людей из низших слоев населения Рио-де-Жанейро. *Interaqao em Psicologia, 9*(1), 21-33.

Морено, Дж. Л. (1934). *Кто выживет? Новый подход к проблемам человеческих взаимоотношений.* Уошингтон, DC: Nervous and Mental Diseases Publishing CO.

Мурштейн, Б, И. (1972). Физическая привлекательность и брачный выбор. *Журнал "Личность и социальная психология", 22*(1), 8-12.

Мурштейн, Б, И. (1972). Физическая привлекательность и брачный выбор. *Журнал "Личность и социальная психология", 22*(1), 8-12.

Майерс, Д. Г. *(1993).Социальная психология.*Нью-Йорк: McGraw Hill.

Насименто, К. М., Прочно, К. К. С. К., и Сильва, Л. К. А. да. (2012). Современное женское тело в обзоре. *Fractal: Revista de Psicologia, 24(2),* 385-404.

Neckel, J., & Guizzo, B. S. (2003). Эротизация детских тел в обществе потребления.

Ньюкомб, Т.М. (1960). Разновидности межличностной привлекательности. In: D. Cartwright and A. Zander (Eds.), *Group dynamics: research and theory.* New York: Harper & Row.

Ньюкомб, Т.М. (1961). *Процесс знакомства.* Нью-Йорк: Holt, Rinehart and Winston.

Новаес, Ж. дос С. (2001). *Эстетика: тело в тренажерном зале.* Рио-де-Жанейро: Shape.

Новаес, Ж., и Вилена, Ж. (2003). От Золушки до Кривого болота: о взаимоотношениях между женщинами, красотой и уродством. *Interaqoes, 8*(15), 9-36.

Оливейра, Д. К., Гомес, А. М. Т., Маркес, С. К., и Тьенго, М. А. (2007).

"Ухаживать", "оставаться" и "встречаться": социальные репрезентации отношений среди подростков. *Revista. Brasileira de Enfermagem, 60(5),* 497-502.

Орнелас, К. О. (2010). Анализ дружбы с эволюционной точки зрения: влияние когнитивных профилей и личностных характеристик на предпочтение потенциальных друзей (магистерская диссертация). Институт психологии, Университет Сан-Паулу, Сан-Паулу.

Perin, C., Perilla-Rodriguez, L. M., & Fukusima, S. S. (2014). Индивидуальные различия женщин в оценке привлекательности лица: обзор. *Psicologia: Reflexao e Critica, 27(3),* 531-538.

Pietromonaco, P. R., & Carnelley, K. B. (1994). Gender and Working Models of Attachment: Consequences for Perception of Self & Romantic Relationship. *Personal Relationships, 1,* 3-26.

Понте, В. П. да (2018). Красота, производство и нормализация тела в детских нарративах. *Civitas, 18(1),* 153-170.

Pro-Posigoes. 14 (3), 119-130.

Райнио, К. (1961). Стохастический процесс социальных контрактов. *Скандинавский журнал психологии, 56,* 114-128.

Родригес, А., Ассмар, Э. М. Л., и Яблонски, Б. (2002). *Социальная психология.* (21 изд.) Петрополис: Editora Vozes.

Розенцвейг, П. (2007). *Эффект ореола... и восемь других бизнес-заблуждений, которые обманывают менеджеров:* Free Press.

Раштон, Дж. П. (1989). Эпигенез и социальные предпочтения. *Behavioral and Brain Sciences, 12,* 31 - 32.

Сампайо, Р. П. А. и Феррейра, Р. Ф. (2009). Красота, идентичность и рынок. *Psicologia em Revista,* 15 (1), 120-140.

Сэмюэлс. С.А., Butter-worth, T., Roberts, L., Graupner, L., & Hole, G. (1994). Эстетика лица: младенцы предпочитают привлекательность симметрии. *Восприятие, 23,* 823-831.

Schachter, S. (1964).The interaction of cognitive and psychological determinants of emotional state.In: L. Bertowitz (Ed.) *Advances in Experimental Social Psychology.* New York: Academic Press.

Scharfe, E., & Bartholomew, K. (1994). Надежность и стабильность моделей привязанности у взрослых.

Шлоссер, А.; и Камарго, Б. В. (2015a). Социальные репрезентации физической красоты для фотомоделей и немоделей. *Psycho, 46*(2), 274-282.

Schlosser, A.; & Camargo, B. V. (2015b). Неэксплицитные аспекты социальных представлений о физической красоте в романтических отношениях. *Psicologia e Saber Social, 4(*1), 89-107.

Шлоссер, А.; Камарго, Б. В.; и Тейшейра, К. К. (2015). Социальные представления о физической красоте и романтические отношения. *Interpersona, 9*(1), 1-18.

Секки, К., Камарго, Б. В., и Бертольдо, Р. Б. (2009). Восприятие образов и социальные представления о теле. *Psicologia. Teoria e Pesquisa, 25,* 229-236.

Silva, L. M. da, & Fukusima, S. S. (2010). Симметричные лица с отражением полулиц не более привлекательны, чем естественные лица. *Psicologia: Reflexao e Critica, 23(3),* 466-475.

Сильва, А. А., Майор, А. С., Алмейда, Т., Родригес, А., Оливейра, Л. М., и Мартинес, М. (2005). Определение наиболее адекватных историй любви для описания любовных отношений и выявление историй любви, которые вызывают большую идентификацию, меньшую идентификацию и которые люди больше всего хотели бы испытать. *Взаимодействие в психологии, 9*(2), 297-311.

Сильва, С. П. (2002). Соображения о любовных отношениях в подростковом возрасте. *Caderno Cedes, 22(57),* 23-43.

Сильверштейн, Б., Пердью, Л., Петерсон, Б., и Келли, Е. (1986). Роль средств массовой информации в продвижении тонкого стандарта телесной привлекательности для женщин. *Sex Roles, 14,* 519-532.

Сильва, Л. М. Ф. да, и Порпино, К. де О. (2013). Производство знаний, касающихся тела и красоты: последствия для физического воспитания. *Revista Brasileira de Ciencias do Esporte, 35*(2), 327340.

Сильва, Х. К. да, и Рей, С. (2011). Красота и женственность: психоаналитический взгляд. *Psicologia: Ciencia e Profissao, 31*(3), 554-567.

Сильва, Т. Р. да, Саенгер, Г., и Перейра, Е. Ф. (2011). Факторы, связанные с образом тела у студентов факультета физической культуры. *Motriz, 17*(4), 630639.

Симили, И. Г., и Соуза, М. К. де. (2015). Красота девушек в "Советах Барби". *Cadernos de Pesquisa, 45*(155), 200-217.

Скиннер, Б. Ф. (1991). *Последние проблемы в анализе поведения.* Кампинас, СП: Папирус.

Соччи, В. (1983). *Разработка и валидация шкалы отношения к сексу (*докторская диссертация). Институт психологии. Университет Сан-Паулу, Сан-Паулу.

Соунс, М. (2004). *Человеческая красота.* Available at: www.beautywords.com. Accessed on: 23 сентября 2012 г.

Соуза, Л. К. (2006). Дружба у взрослых: адаптация и валидизация опросника MCGILL и исследование гендерных различий. (Докторская диссертация). Программа аспирантуры по психологии в Университете Сан-Паулу.

Разработка. Федеральный университет Риу-Гранди-ду-Сул, Порту-Алегри.

Соуза, Р. Б. де. (2011). Прямые продажи и поведение потребителей косметической продукции (монография). Кафедра администрации. Факультет экономики, управления и бухгалтерского учета, Бразилиа, Д. Ф.

Souza, M. R. R., Oliveira, J. F., Nascimento, E. R., & Carvalho, E. S. S. (2013). Наркотик для тела! Образы и представления женского тела в бразильских журналах. *Revista Gaucha de Enfermagem, 34(2),* 62-69.

Sterberg, R. J., & Grajek, S. (1984). Природа любви" (*Journal of Personality and Social Psychology, 47,* 312-329).

Стернберг, Р. Дж. (1986). Треугольная теория любви. *Психологическое обозрение, 93,* 119-135.

Стернберг, Р. Дж. (1989). *Любовный треугольник:* близость, страсть и обязательства. Барселона: Paidos.

Sternberg, R. J., & Grajek, S. (1984). Природа любви" (*Journal of Personality and Social Psychology, 47,* 312-329).

Стрехлау, В. И., Кларо, Д. П., и Лабан Нето, С. А. (2015). Движет ли тщеславие потреблением косметики и эстетических хирургических процедур у женщин? Экспериментальное исследование. *Revista de administragao, 50(1),* 73-88.

Салливан, М.С. (1947). *Концепция современной психиатрии. Вашингтон,* Психологический фонд.

Тейшейра, С. А. (2001). Производство и социальное потребление красоты. *Horizontes Antropologicos, 7*(16), 189-220.

Тейшейра, Т. П. (2012). Музыка и красота у святого Фомы Аквинского (магистерская диссертация). Аспирантская программа по музыке, Федеральный университет Параны, Куритиба, Парана.

Тейшейра, М. Л. С., Фрейтас, К. М. С. М. де, и Каминья, И. де О. (2014). Женская красота как власть: раскрытие других значений для эстетического конструирования себя. *Revista brasileira de ciencias do esporte,* 36(2), 485-500.

Томсен, С. Р., Маккой, Дж. К., Густафсон, Р. Л., и Уильямс, М. (2002). Мотивы чтения журналов о красоте и моде и риск анорексии у *женщин* студенческого возраста. *Медиапсихология, 2* (4), 113-135.

Токумару, Р. С., Баумель, С. В., Айрес, Ф. К. Г. Виана, Д. П., Амбросио, Л. де А., Агиар, Й. Н. де, и Монтейро, Р. Н. (2010). Влияние неверности на привлекательность лица мужчин и женщин. *Estudos de*

Psicologia (Natal), 15(1), 103-110.

Вала, Ж., и Монтейро, Б. (2006). *Psicologia Social* (7ª Ed.). Лиссабон: Фонд Калуста Гюльбенкяна

Венторини, Б., и Гарсия, А. (2004). Межличностные отношения: от работ Роберта Хинда к управлению людьми. *Revista de Psicologia Organizacional e do Trabalho, 4*(2), 117-143.

Вигарелло, Г. (2006). *История красоты:* тело и искусство украшения, от эпохи Возрождения до наших дней.Рио-де-Жанейро: Ediouro.

Вилена, Ж. де В., Медейрос, С., и Новаес, Ж. де В. (2005). Насилие образа: эстетика, женственность и современность. *Revista Mal-estar e Subjetividade, 5*(1), 109-144.

Wedell, D. H., Parducci, A., & Geiselman, R. E. (1987). Формальный анализ оценки физической привлекательности: последовательный контраст и одновременное *усвоение.Journalof Experimental Social Psychology, 23,* 230-249.

Вейнгартнер, К. Л., Джон, Д., Бонамиго, Л. Р., и Гойданич, М. (1995).Пребывание и свидания, как их видят подростки. *Psicologia: Reflexao e Critica, 8*(2), 181-203.

White, G. L., Fishbein, S., & Rutstein, J. (1981).Passionate love and the misattribution of arousal. *Journal of Personality and Social Psychology, 20,* 55-64.

Уайт, У. Х. (1956). *Организационный человек.* Нью-Йорк: Simon and Schuster.

Уилсон, Г. (1981). *Эффект Кулиджа: эволюционный анализ человеческой сексуальности.* New York: Willian Morrow.

Витт, Ж. да С. Г. З., и Шнайдер, А. П. (2011). Эстетическое питание: оценка тела и красоты через уход за питанием. *Ciencia & Saude Coletiva, 16(9),* 3909-3916.

Уилсон, Г. Д. (1978). *Секреты сексуальных фантазий.* Лондон: J. M. Dent.

Вольф, Н. (1992). *Миф о красоте:* как образы красоты используются против женщин. Рокко: Рио-де-Жанейро.

Zanetti, M. C., Moiolli, A., Schiavon, M. K., & Rebustini, F., Machado, A. (2012). Красивые тела в виртуальных средах: исследование с помощью визуальной социологии. *Revista de Educaqao Fisica/UEM, 23*(3), 411-420.

Зимбардо, П. Г. (1960). Вовлеченность и коммуникативные расхождения в агрессивном поведении. *Aggressive Behavior, 14,* 51-64.

Printed by Books on Demand GmbH, Norderstedt / Germany